Impressum
Verlag: BABADADA GmbH, Nedderfeld 112 , 22529 Hamburg
Geschäftsführer / Verlagsleitung: Harald Hof
Druck: Books on Demand GmbH, In de Tarpen 42, 22848 Norderstedt

Imprint
Publisher: BABADADA GmbH, Nedderfeld 112 , 22529 Hamburg, Germany
Managing Director / Publishing direction: Harald Hof
Print: Books on Demand GmbH, In de Tarpen 42, 22848 Norderstedt

skole
el colegio

klasseværelse
el aula

dividere
dividir

186/2

tavle
el pizarrón

skolegård
el patio de la escuela

lærer
el maestro

papir
el papel

skrive
escribir

pen
la birome

skrivebord
el escritorio

lineal
la regla

bog
el libro

elev
el alumno

skoletaske
la mochila

penalhus
la caja de lápices

blyant
el lápiz

blyantspidser
el sacapuntas

viskelæder
la goma (de borrar)

tegneblok
el bloc de dibujo

tegning

el dibujo

pensel

el pincel

æske med vandfarver

la caja de pinturas

saks

la tijera

lim

el pegamento

opgavehefte

el cuaderno de ejercicios

lektie

la tarea

12

tal

el número

2+2

addere

sumar

5-2

subtrahere

restar

2×2

multiplicere

multiplicar

regne

calcular

A

bogstav

la letra

ABCDEFG HIJKLMN OPQRSTU VWXYZ

alfabet

el abecedario

hello

ord

la palabra

tekst

el texto

læse

leer

kridt

la tiza

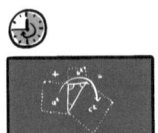

time

la lección

klasseprotokol

el cuaderno de clase

eksamen

el examen

karakterbog

el certificado

skoleuniform

el uniforme escolar

uddannelse

la educación

leksikon

la enciclopedia

universitet

la universidad

mikroskop

el microscopio

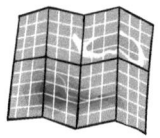

kort

el mapa

papirkurv

el tacho (de basura)

rejse
el viaje

Grand
hotel
el hotel
herberg
el hostel
ROOMS
vekselkontor
la casa de cambio
kuffert
la valija
bil
el auto

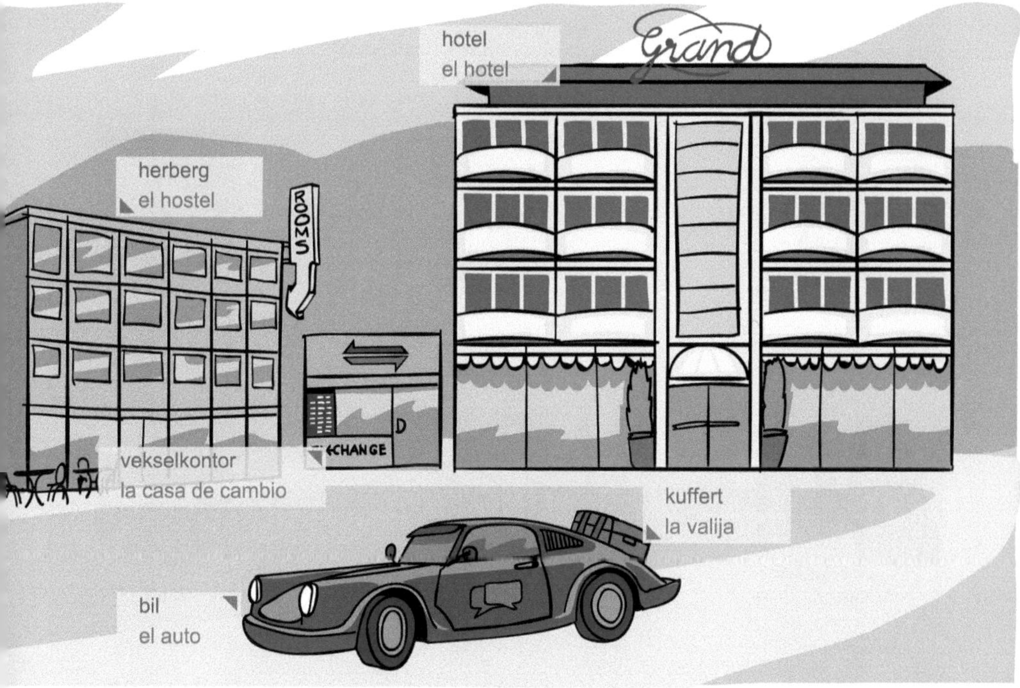

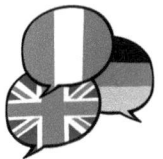

sprog

el idioma

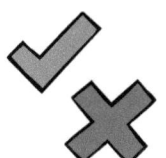

ja / nej

sí / no

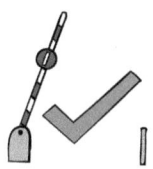

okay

Está bien

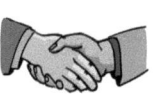

hej

hola

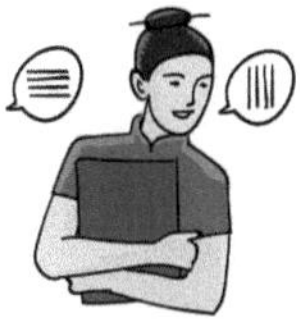

oversætter

el traductor

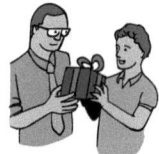

tak

Gracias

hvad koster...?

¿cuánto cuesta...?

Jeg forstår ikke

No entiendo

problem

el problema

God aften!

¡Buenas tardes!

God morgen!

¡Buenos días!

God nat!

¡Buenas noches!

farvel

el adiós

retning

la dirección

bagage

el equipaje

taske

el bolso

rygsæk

la mochila

gæst

el invitado

værelse

la habitación

sovepose

la bolsa de dormir

telt

la carpa

turistinformation

la información turística

strand

la playa

kreditkort

la tarjeta de crédito

morgenmad

el desayuno

middagsmad

el almuerzo

aftensmad

la cena

billet

el pasaje

elevator

el ascensor

frimærke

el sello

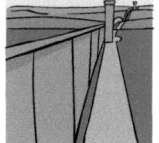

grænse

la frontera

told

la aduana

ambassade

la embajada

visum

la visa

pas

el pasaporte

transport
el transporte

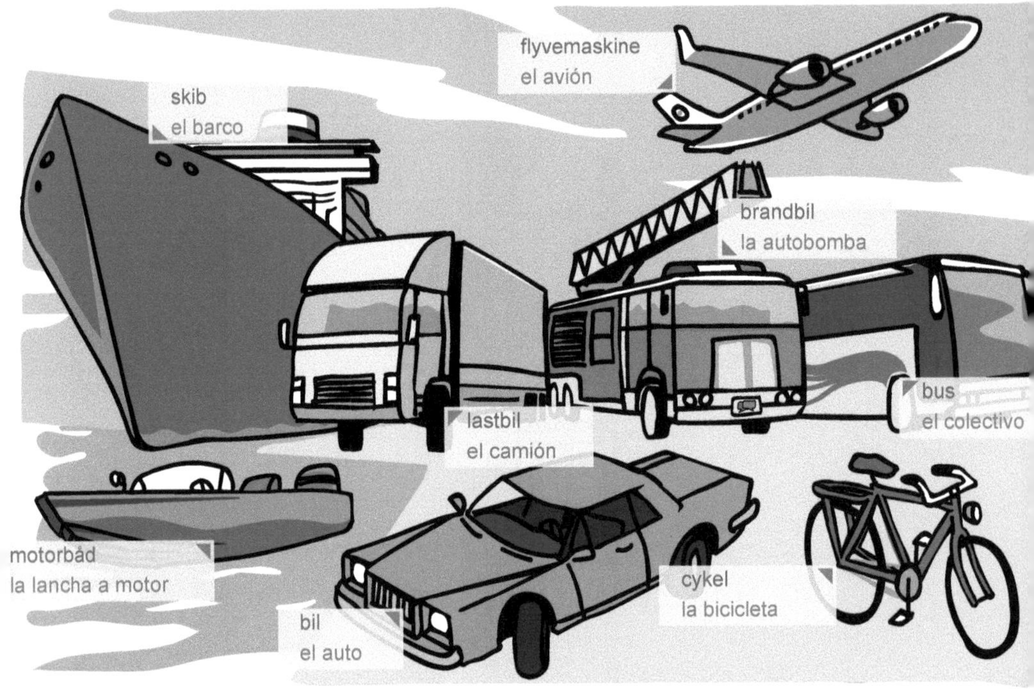

flyvemaskine
el avión
skib
el barco
brandbil
la autobomba
bus
el colectivo
lastbil
el camión
motorbåd
la lancha a motor
cykel
la bicicleta
bil
el auto

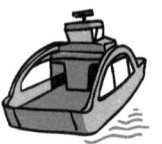

færge

el ferry

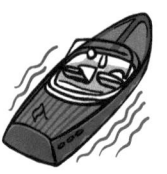

båd

el bote

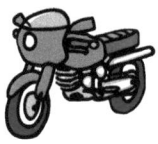

motorcykel

la moto

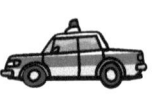

politibil

el patrullero

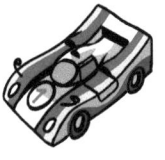

racerbil

el auto de carreras

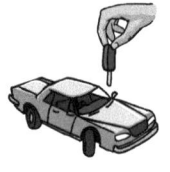

lejebil

el auto de alquiler

samkørsel

el alquiler de autos

kranbil

la grúa

skraldebil

el camión de la basura

motor

el motor

benzin

la nafta

tankstation

la estación de servicio

trafikskilt

la señal de tránsito

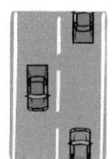

trafik

el tránsito

trafikprop

el embotellamiento

parkeringsplads

el estacionamiento

banegård

la estación de tren

skinner

las vías

tog

el tren

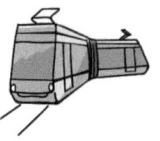

sporvogn

el tranvía

wagon

el vagón

helikopter

el helicóptero

lufthavn

el aeropuerto

tårn

la torre

passager

el pasajero

container

el contenedor

karton

la caja de cartón

kærre

la carretilla

kurv

la canasta

starte / lande

despegar / aterrizar

by

la ciudad

landsby

el pueblo

bymidte

el centro de la ciudad

hus

la casa

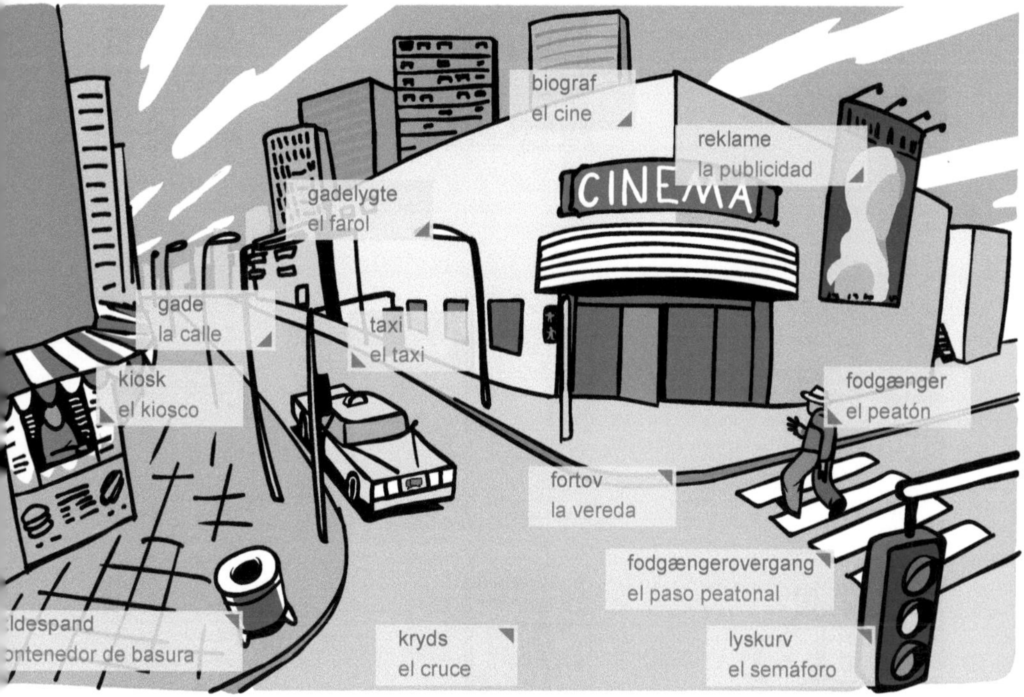

biograf
el cine

reklame
la publicidad

gadelygte
el farol

CINEMA

gade
la calle

taxi
el taxi

kiosk
el kiosco

fodgænger
el peatón

fortov
la vereda

fodgængerovergang
el paso peatonal

ldespand
ontenedor de basura

kryds
el cruce

lyskurv
el semáforo

hytte

la cabaña

lejlighed

el departamento

banegård

la estación de tren

rådhus

la municipalidad

museum

el museo

skole

el colegio

universitet

la universidad

bank

el banco

sygehus

el hospital

hotel

el hotel

apotek

la farmacia

kontor

la oficina

boghandel

la librería

butik

el negocio

blomsterbutik

la florería

supermarked

el supermercado

marked

el mercado

stormagasin

las grandes tiendas

fiskehandler

la pescadería

butikscenter

el centro comercial

havn

el puerto

park

el parque

bænk

el banco

bro

el puente

trappe

las escaleras

undergrundsbane

el subte

tunnel

el túnel

busstoppested

la parada del colectivo

barnevogn

el bar

restaurant

el restaurante

postkasse

el buzón

vejskilt

el letrero

parkometer

el parquímetro

zoo

el zoológico

badeanstalt

la pileta

moske

la mezquita

bondegård

la granja

miljøforurening

la contaminación

kirkegård

el cementerio

kirke

la iglesia

legeplads

los juegos infantiles

tempel

el templo

landskab
el paisaje

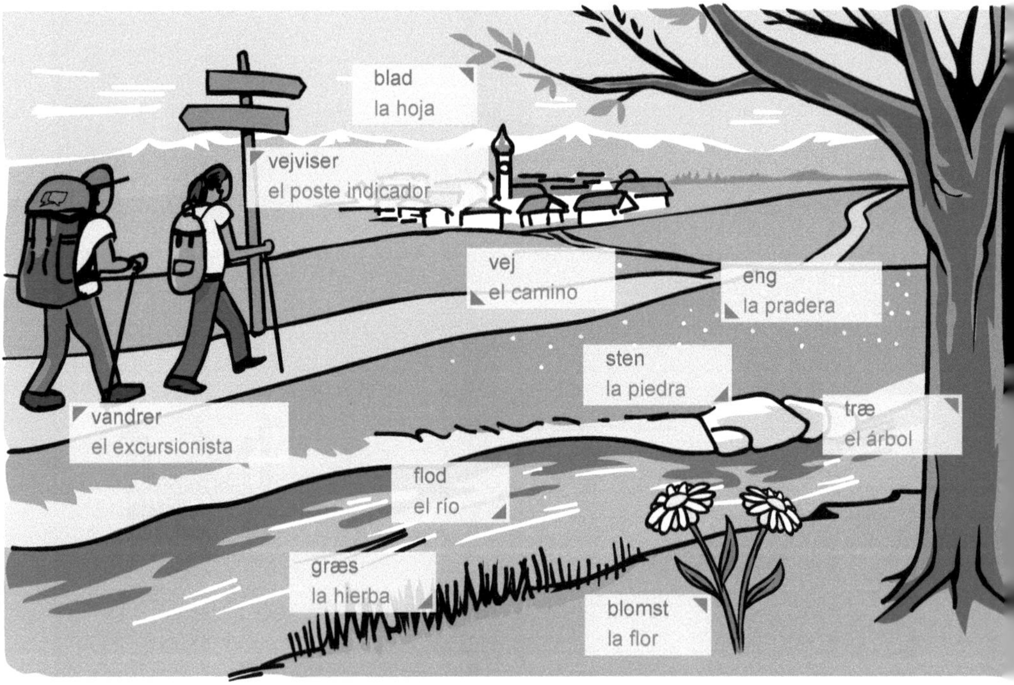

blad
la hoja

vejviser
el poste indicador

vej
el camino

eng
la pradera

sten
la piedra

vandrer
el excursionista

træ
el árbol

flod
el río

græs
la hierba

blomst
la flor

dal
....
el valle

bjerg
....
la montaña

sø
....
el lago

skov
....
el bosque

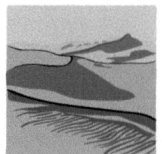

ørken
....
el desierto

vulkan
....
el volcán

slot
....
el castillo

regnbue
....
el arco iris

svamp
....
el champiñón

palme
....
la palmera

moskito
....
el mosquito

flue
....
la mosca

myre
....
la hormiga

bi
....
la abeja

edderkop
....
la araña

bille
el escarabajo

frø
la rana

egern
la ardilla

pindsvin
el erizo

hare
la liebre

ugle
la lechuza

fugl
el pájaro

svane
el cisne

vildsvin
el jabalí

hjort
el ciervo

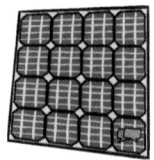

elg
el alce

dæmning
la presa

vindmølle
el aerogenerador

solcellemodul
el panel solar

klima
el clima

restaurant

el restaurante

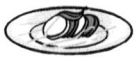

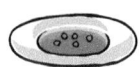

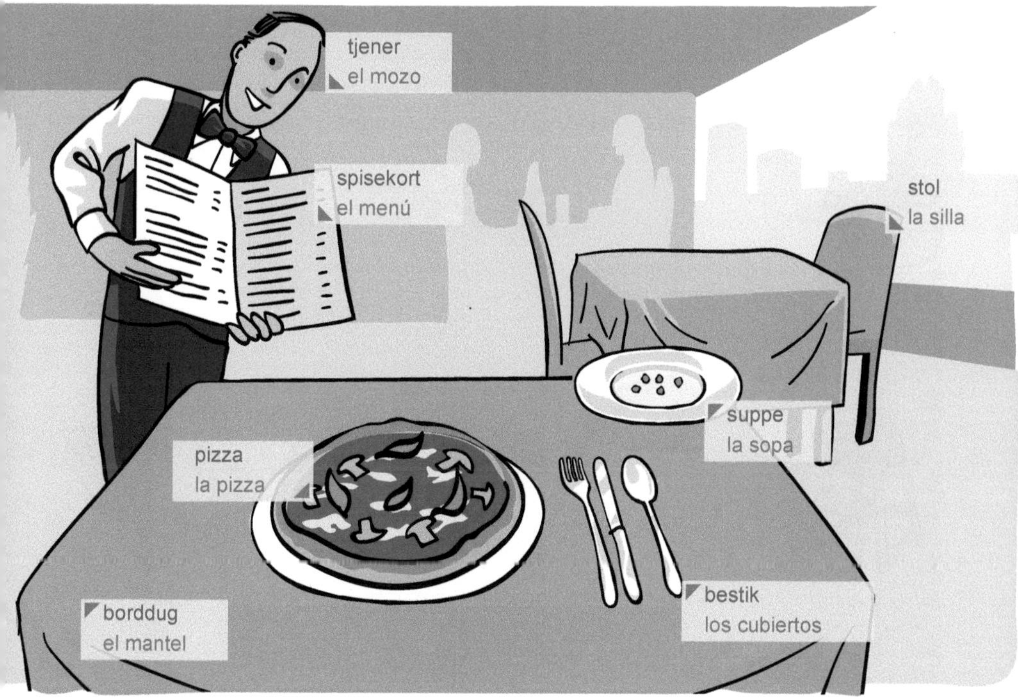
tjener
el mozo
spisekort
el menú
stol
la silla
suppe
la sopa
pizza
la pizza
bestik
los cubiertos
borddug
el mantel

forret
la entrada

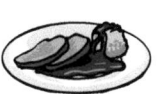

hovedret
el plato principal

dessert
el postre

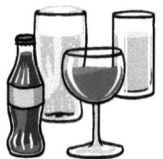

drikkevarer
las bebidas

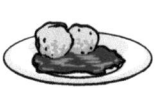

mad
la comida

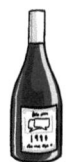

flaske
la botella

fastfood
la comida rápida

streetfood
la comida callejera

tekande
la tetera

sukkerdåse
la azucarera

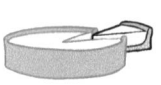

portion
la porción

espressomaskine
la cafetera expreso

barnestol
la sillita alta

faktura
la cuenta

tablet
la bandeja

kniv
el cuchillo

gaffel
el tenedor

ske
la cuchara

teske
la cucharita

serviet
la servilleta

glas
el vaso

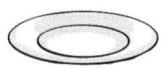

tallerken
el plato

dyb tallerken
el plato hondo

underkop
el plato

sovs
la salsa

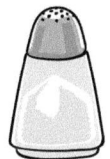

saltbøsse
el salero

peberkværn
el molinillo de pimienta

eddike
el vinagre

olie
el aceite

krydderier
las especias

ketchup
el kétchup

sennep
la mostaza

mayonnaise
la mayonesa

supermarked
el supermercado

tilbud
la oferta especial
FOR
kunde
el cliente
mælkeprodukter
los lácteos
frugt
la fruta
indkøbsvogn
el changuito

BUTCHERS

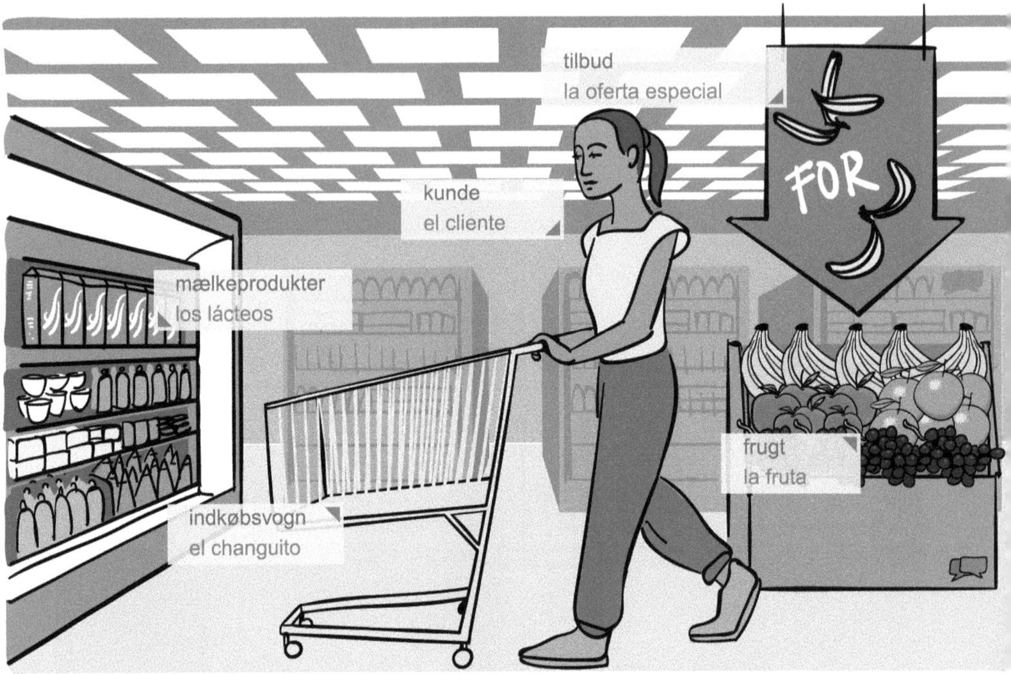

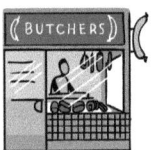

slagter

la carnicería

BAKERY

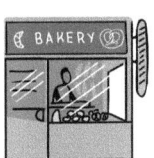

bageri

la panadería

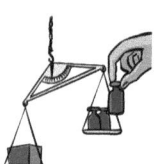

veje

pesar

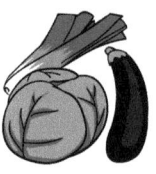

grøntsager

las verduras

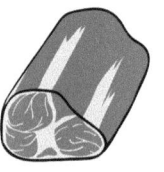

kød

la carne

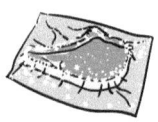

frostvarer

los alimentos congelados

pålæg
los fiambres

konserves
los alimentos enlatados

vaskemiddel
el detergente en polvo

slik
las golosinas

husholdningsvarer
los electrodomésticos

rengøringsmidler
los productos de limpieza

ekspedient
la vendedora

kasse
la caja

kasserer
el cajero

indkøbsliste
la lista de compras

åbningstider
el horario de atención

tegnebog
la billetera

kreditkort
la tarjeta de crédito

taske
la cartera

plasticpose
la bolsa de plástico

vand
el agua

saft
el jugo

mælk
la leche

cola
la bebida cola

vin
el vino

øl
la cerveza

alkohol
el alcohol

kakao
el cacao

te
el té

kaffe
el café

espresso
el café expreso

cappuccino
el cappuccino

banan

la banana

æble

la manzana

appelsin

la naranja

melon

el melón

citron

el limón

gulerod

la zanahoria

hvidløg

el ajo

bambus

el bambú

løg

la cebolla

svamp

el champiñón

nødder

las nueces

nudler

los fideos

spaghetti

los tallarines

ris

el arroz

salat

la ensalada

pomfritter

las papas fritas

stegte kartofler

las papas fritas

pizza

la pizza

hamburger

la hamburguesa

sandwich

el sándwich

schnitzel

el churrasco

skinke

el jamón

salami

el salame

pølse

la salchicha

kylling

el pollo

steg

el asado

fisk

el pescado

havregryn	mysli	cornflakes
los copos de avena	el muesli	los copos de maíz

mel	croissant	rundstykke
la harina	la medialuna	el pancito

brød	toast	kiks
el pan	la tostada	las galletitas

smør	kvark	kage
la manteca	la cuajada	la torta
		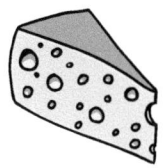
æg	spejlæg	ost
el huevo	el huevo frito	el queso

is
....
el helado

sukker
....
el azúcar

honning
....
la miel

marmelade
....
la mermelada

nougat-creme
....
la pasta de chocolate

karry
....
el curry

bondegård
la granja

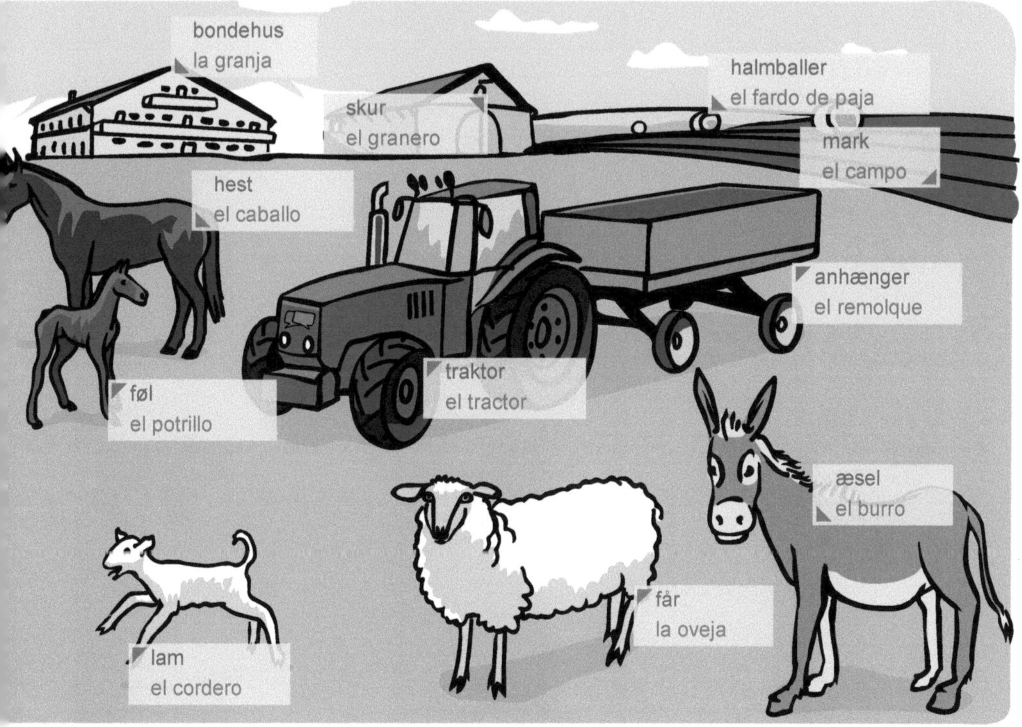

bondehus
la granja
skur
el granero
halmballer
el fardo de paja
mark
el campo
hest
el caballo
anhænger
el remolque
traktor
el tractor
føl
el potrillo
æsel
el burro
får
la oveja
lam
el cordero

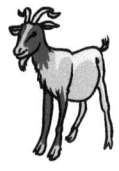

ged

la cabra

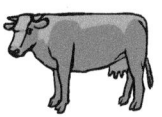

ko

la vaca

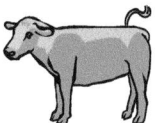

kalv

el ternero

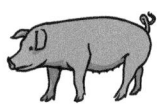

svin

el cerdo

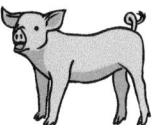

gris

el lechón

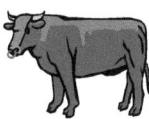

tyr

el toro

gås

el ganso

and

el pato

kylling

el pollo

høne

la gallina

hane

el gallo

rotte

la rata

kat

el gato

mus

el ratón

okse

el buey

hund

el perro

hundehus

la cucha

haveslange

la manguera

vandkande

la regadera

le

la guadaña

plov

el arado

segl
la hoz

hakkejern
la azada

møggreb
la horquilla

økse
el hacha

trillebør
la carretilla

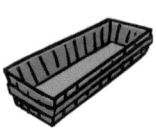

trug
el abrevadero

mælkekande
la lechera

sæk
la bolsa

hæk
la reja

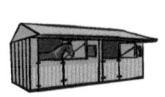

stald
el establo

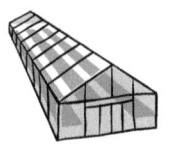

drivhus
el invernadero

jord
el suelo

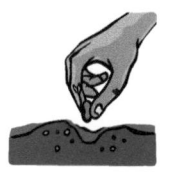

frø
la semilla

gødning
el fertilizador

mejetærsker
la cosechadora

høste
cosechar

høst
la cosecha

yams
las batatas

hvede
el trigo

soja
la soja

kartoffel
la papa

majs
el maíz

raps
la semilla de colza

frugttræ
el árbol frutal

maniok
la mandioca

korn
los cereales

hus
la casa

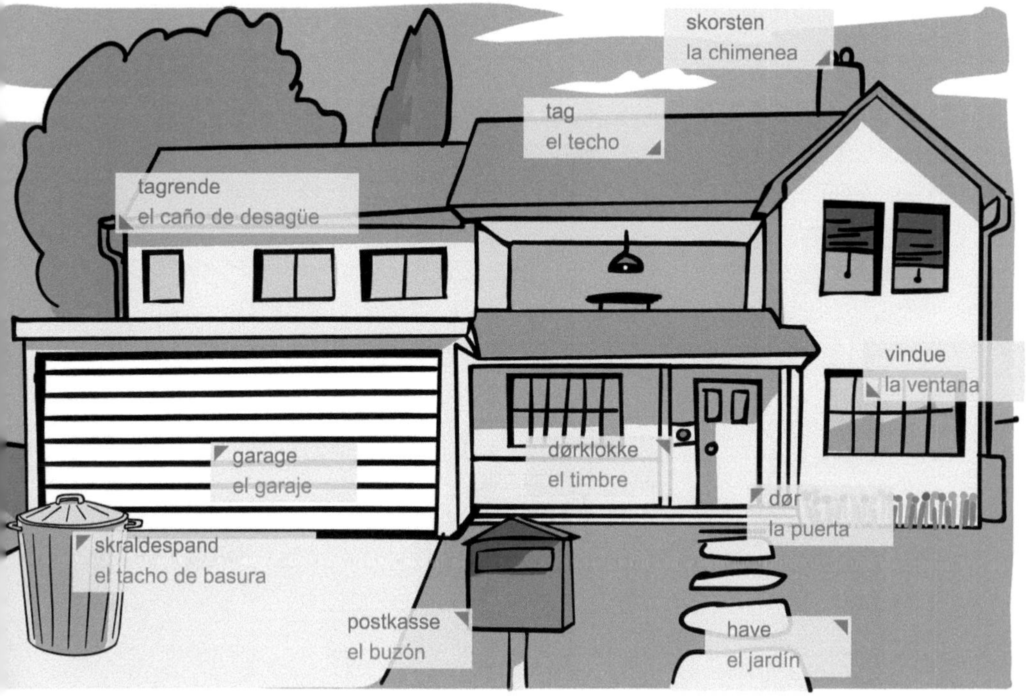

skorsten
la chimenea
tag
el techo
tagrende
el caño de desagüe
vindue
la ventana
garage
el garaje
dørklokke
el timbre
dør
la puerta
skraldespand
el tacho de basura
postkasse
el buzón
have
el jardín

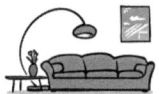

stue
el living

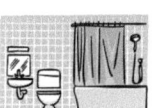

badeværelse
el baño

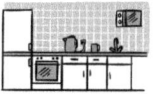

køkken
la cocina

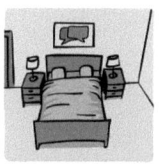

soveværelse
el dormitorio

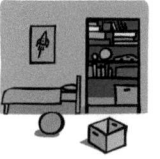

børneværelse
el cuarto de los chicos

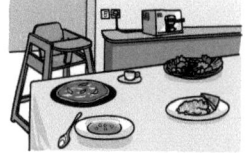

spisestue
el comedor

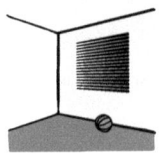

gulv

el piso

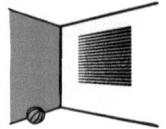

væg

la pared

loft

el cielorraso

kælder

el sótano

sauna

el sauna

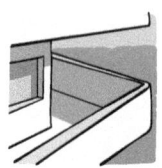

altan

el balcón

terrasse

la terraza

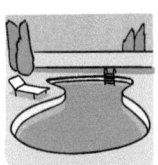

svømmehal

la pileta

plæneklipper

la cortadora de pasto

dynebetræk

la sábana

dyne

el acolchado

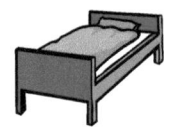

seng

la cama

kost

la escoba

spand

el balde

kontakt

el interruptor

stue

el living

tapet
el empapelado
billede
la imagen
lampe
la lámpara
reol
el estante
skab
el armario
fjernsyn
la televisión
pejs
la chimenea
blomst
la flor
pude
el almohadón
sofa
el sofá
vase
el florero
fjernbetjening
el control remoto

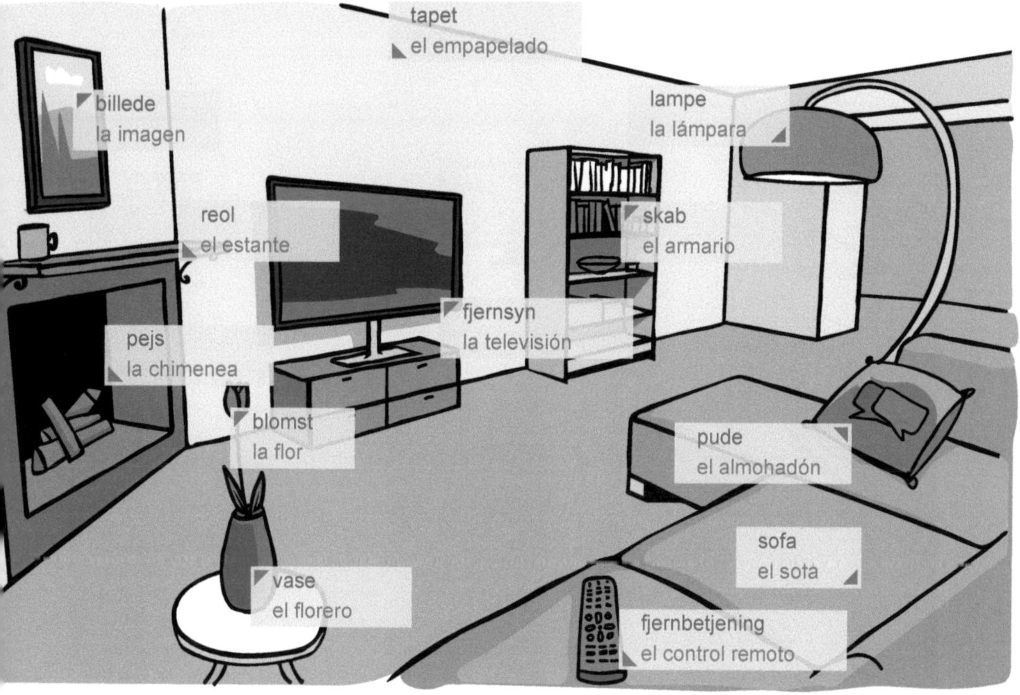

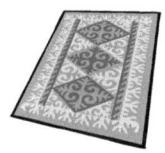

gulvtæppe

la alfombra

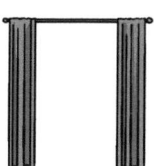

gardin

la cortina

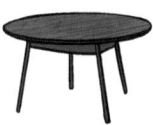

bord

la mesa

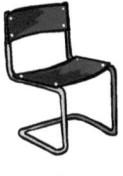

stol

la silla

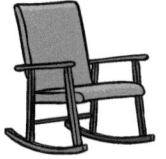

gyngestol

la mecedora

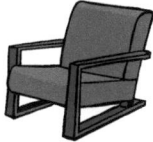

lænestol

el sillón

bog
el libro

tæppe
la frazada

dekoration
la decoración

brænde
la leña

film
la película

stereoanlæg
el equipo de música

nøgle
la llave

avis
el diario

maleri
la pintura

plakat
el póster

radio
la radio

notesblok
el cuaderno

støvsuger
la aspiradora

kaktus
el cactus

lys
la vela

stue - el living

køkken
la cocina

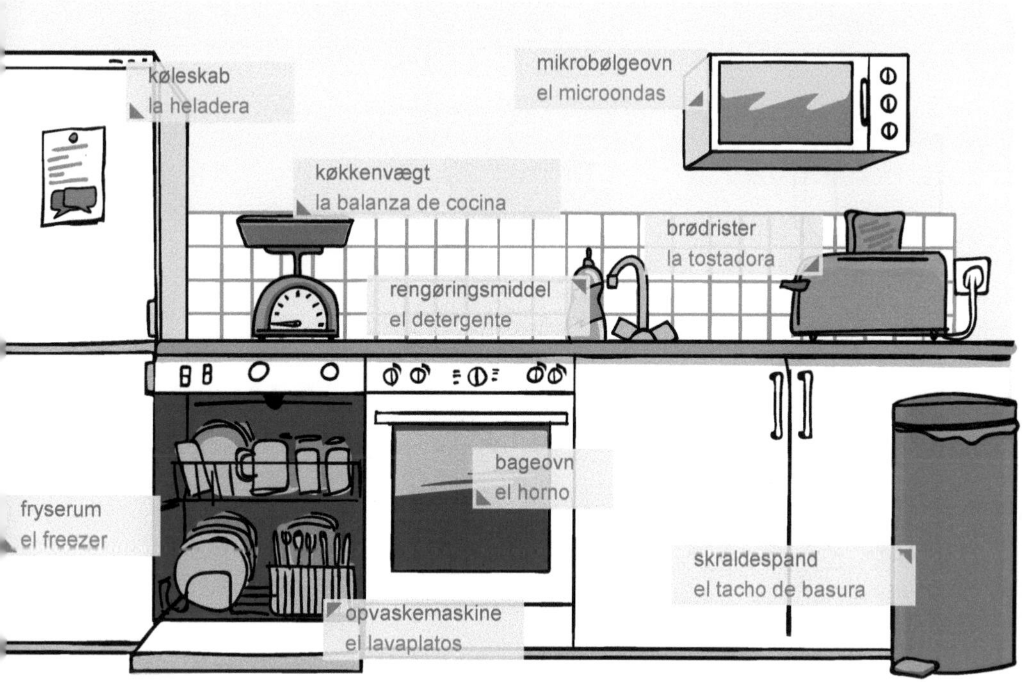
køleskab
la heladera
mikrobølgeovn
el microondas
køkkenvægt
la balanza de cocina
brødrister
la tostadora
rengøringsmiddel
el detergente
bageovn
el horno
fryserum
el freezer
skraldespand
el tacho de basura
opvaskemaskine
el lavaplatos

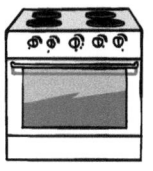

komfur
la cocina

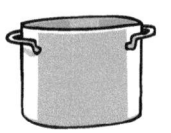

gryde
la olla

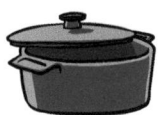

jerngryde
la olla de hierro fundido

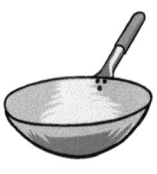

wok / kadai
el wok

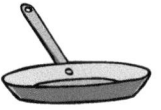

pande
la sartén

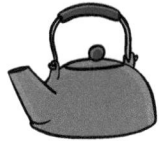

elkedel
la pava

dampkoger
la vaporera

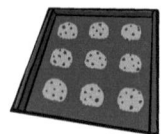

bageplade
la bandeja de horno

service
la vajilla

bæger
la taza

skål
el bol

spisepinde
los palitos

øseske
el cucharón

paletkniv
la espátula

piskeris
la batidora

dørslag
el colador

si
el colador

rive
el rallador

morter
el mortero

grille
la parrilla

ildsted
la fogata

skærebræt

la tabla de picar

kagerulle

el palo de amasar

proptrækker

el sacacorchos

dåse

la lata

dåseåbner

el abrelatas

grydelap

la manopla

køkkenvask

la pileta

børste

el cepillo

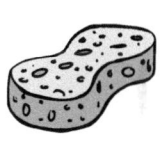

svamp

la esponja

blender

la batidora

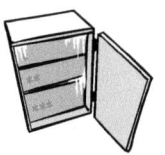

dybfryser

el congelador

sutteflaske

la mamadera

vandhane

la canilla

badeværelse

el baño

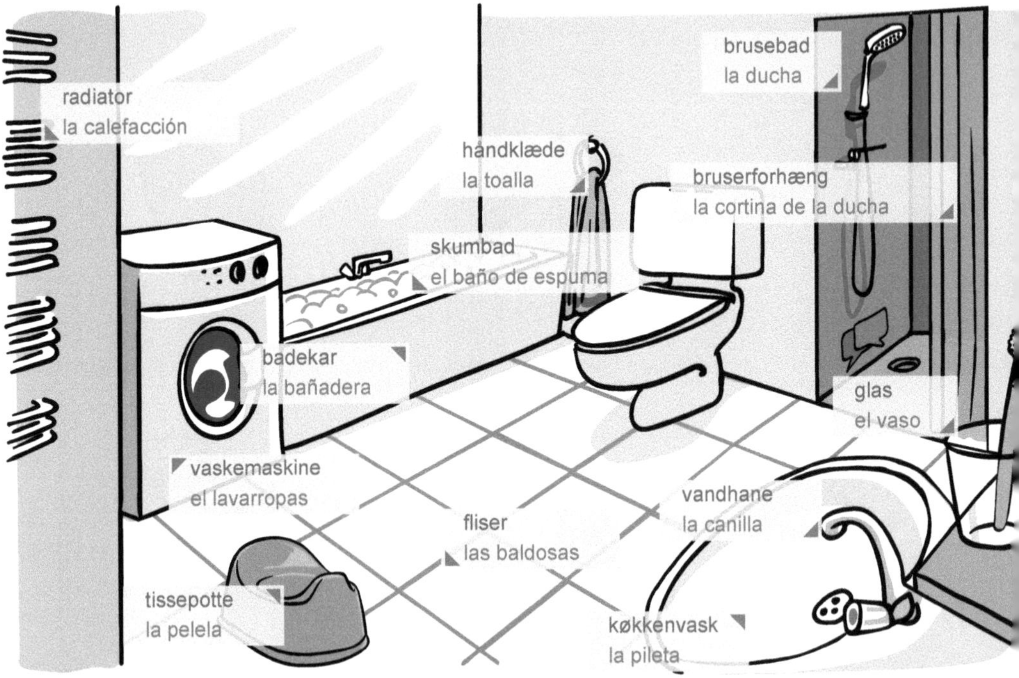
brusebad
la ducha
radiator
la calefacción
håndklæde
la toalla
bruserforhæng
la cortina de la ducha
skumbad
el baño de espuma
badekar
la bañadera
glas
el vaso
vaskemaskine
el lavarropas
vandhane
la canilla
fliser
las baldosas
tissepotte
la pelela
køkkenvask
la pileta

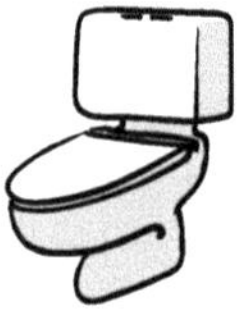

toilet

el inodoro

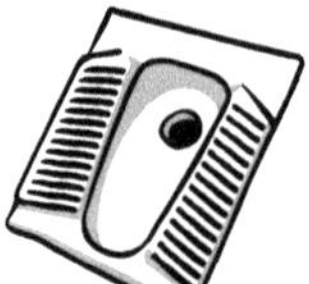

hugsiddende toilet

la letrina

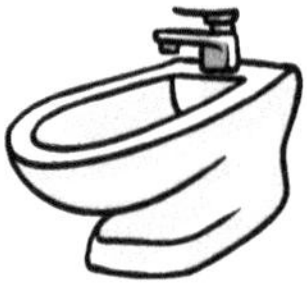

bidet

el bidé

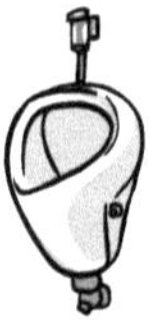

pissoir

el mingitorio

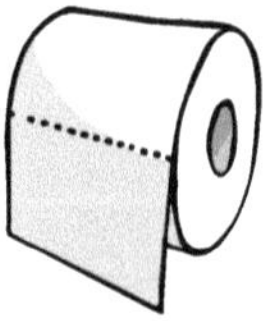

toiletpapir

el papel higiénico

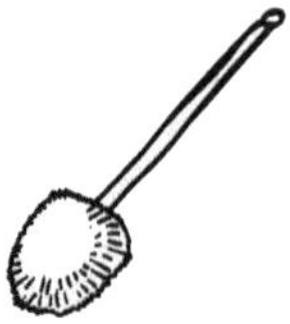

toiletbørste

el cepillo para el inodoro

tandbørste

el cepillo de dientes

tandpasta

el dentífrico

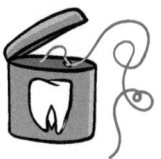

tandtråd

el hilo dental

vaske

lavar

håndbruser

la ducha de mano

intimbruser

la ducha higiénica

vaskefad

la palangana

badebørste

el cepillo para la espalda

sæbe

el jabón

brusegele

el gel de ducha

shampoo

el shampoo

vaskeklud

la toallita

afløb

el desagüe

creme

la crema

deodorant

el desodorante

spejl

el espejo

kosmetikspejl

el espejito

barberhøvl

la maquinita de afeitar

barberskum

la espuma de afeitar

barbervand

el aftershave

kam

el peine

børste

el cepillo

hårtørrer

el secador de pelo

hårspray

el spray

makeup

el maquillaje

læbestift

el lápiz de labios

neglelak

el esmalte para uñas

vat

el algodón

neglesaks

la tijera para uñas

parfume

el perfume

toilettaske

el portacosméticos

skammel

la banqueta

vægt

la balanza

badekåbe

la bata

gummihandsker

los guantes de goma

tampon

el tampón

damebind

la toallita femenina

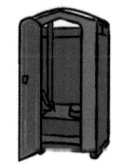

kemisk toilet

el baño químico

børneværelse

el cuarto de los chicos

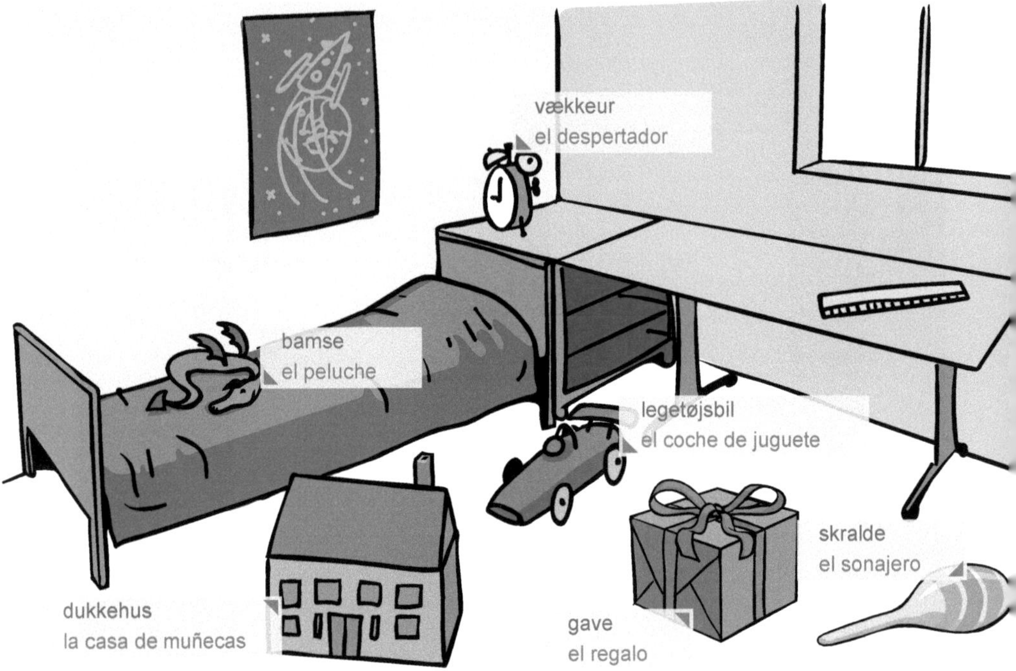

vækkeur
el despertador
bamse
el peluche
legetøjsbil
el coche de juguete
skralde
el sonajero
dukkehus
la casa de muñecas
gave
el regalo

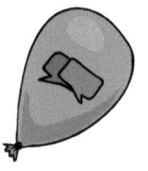

ballon

el globo

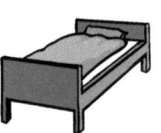

seng

la cama

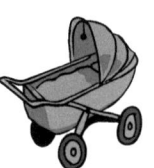

barnevogn

el cochecito

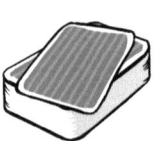

kortspil

las cartas

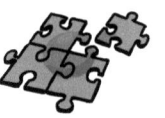

puslespil

el rompecabezas

SUPER MEGA

tegneserie

la historieta

legoklodser

las piezas de lego

byggeklodser

los ladrillos de juguete

action figur

la figura de acción

sparkedragt

el enterito (de bebé)

frisbee

el frisbee

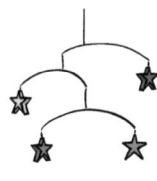

uro

el móvil para bebés

brætspil

el juego de mesa

terning

los dados

modeljernbane

el tren eléctrico

sut

el chupete

fest

la fiesta

billedbog

el libro de cuentos ilustrado

bold

la pelota

dukke

la muñeca

lege

jugar

sandkasse

el arenero

gynge

la hamaca

legetøj

los juguetes

spillekonsol

la consola de videojuegos

trehjulet cykel

el triciclo

bamse

el osito de peluche

klædeskab

el armario

tøj

la ropa

sokker

las medias

strømper

las medias panty

strømpebukser

las calzas

sjal
la bufanda

paraply
el paraguas

T-shirt
la remera

bælte
el cinturón

støvler
las botas

hjemmesko
las pantuflas

sneakers
las zapatillas

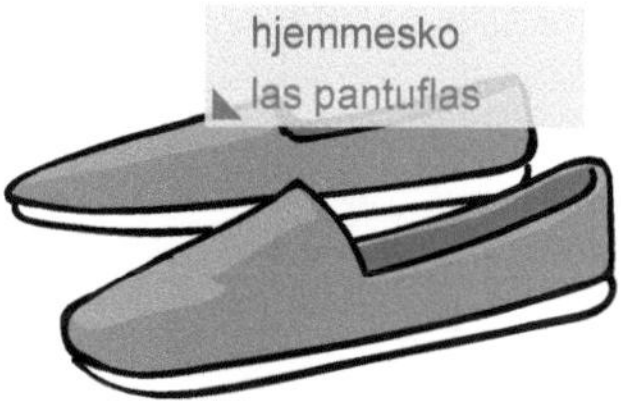

sandaler

las sandalias

sko

los zapatos

gummistøvler

las botas de goma

underbukser

la ropa interior

BH

el corpiño

undertrøje

el chaleco

body
el body

bukser
los pantalones

jeans
los jeans

nederdel
la pollera

bluse
la blusa

skjorte
la camisa

pullover
el pulóver

sweatshirt
el buzo

blazer
el blazer

jakke
la campera

frakke
el tapado

regnfrakke
el piloto

kostume
el traje

kjole
el vestido

brudekjole
el vestido de novia

jakkesæt

el traje

nattrøje

el camisón

pyjamas

el pijama

sari

el sari

hovedtørklæde

el pañuelo para la cabeza

turban

el turbante

burka

la burka

kaftan

el caftán

abaya

la abaya

badedragt

el traje de baño

badebukser

el short de baño

korte bukser

los shorts

træningsdragt

el jogging

forklæde

el delantal

handsker

los guantes

knap

el botón

briller

los anteojos

armbånd

la pulsera

kæde

el collar

ring

el anillo

ørering

el aro

hue

la gorra

bøjle

la percha

hat

el sombrero

slips

la corbata

lynlås

el cierre

hjelm

el casco

seler

los tiradores

skoleuniform

el uniforme escolar

uniform

el uniforme

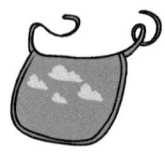

hagesmæk

el babero

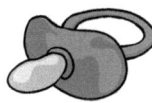

sut

el chupete

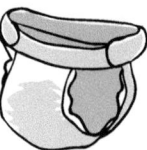

ble

el pañal

kontor
la oficina

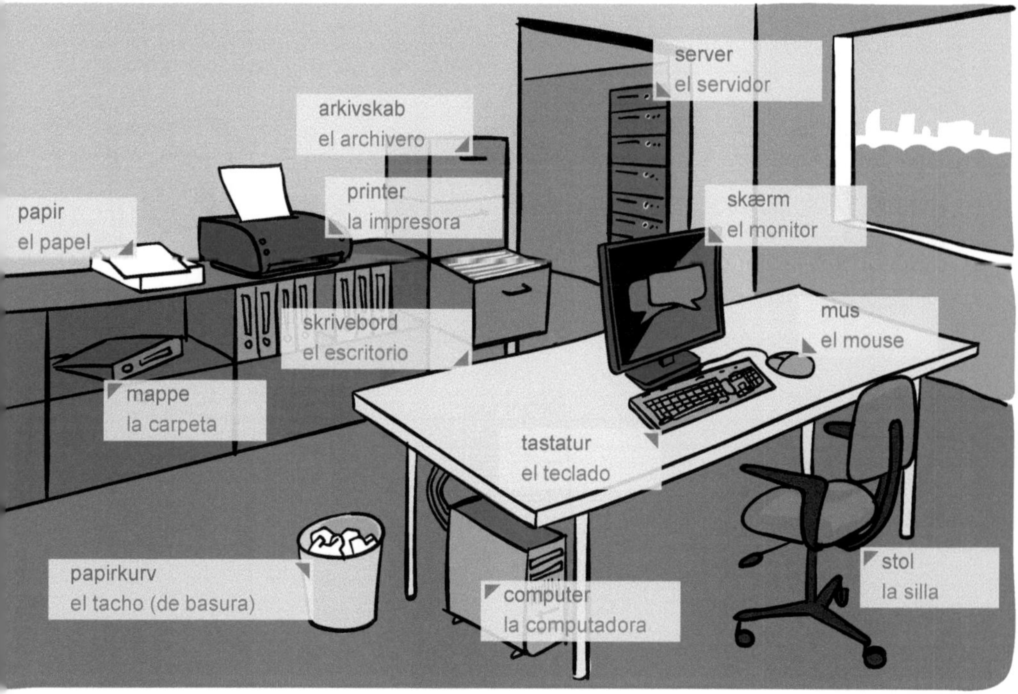
server
el servidor
arkivskab
el archivero
printer
la impresora
papir
el papel
skærm
el monitor
skrivebord
el escritorio
mus
el mouse
mappe
la carpeta
tastatur
el teclado
stol
la silla
papirkurv
el tacho (de basura)
computer
la computadora

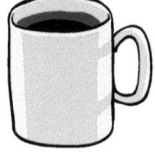

kaffekrus

la taza de café

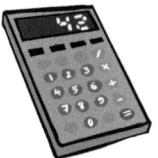

lommeregner

la calculadora

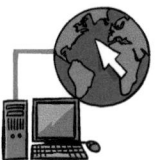

internet

el internet

bærbar

la laptop

brev

la carta

besked

el mensaje

mobil

el celular

netværk

la red

kopimaskine

la fotocopiadora

software

el software

telefon

el teléfono

stikdåse

el tomacorriente

fax

el fax

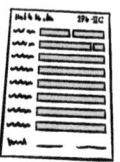

formular

el formulario

dokument

el documento

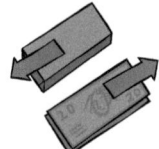

købe
comprar

betale
pagar

handle
hacer negocios

penge
el dinero

 **USD**

dollar
el dólar

EUR

euro
el euro

JPY

yen
el yen

RUB

rubel
el rublo

CHF

schweizerfranc
el franco suizo

CNY

renminbi yuan
el yuan

INR

rupee
la rupia

hæveautomat
el cajero automático

vekselkontor

la casa de cambio

guld

el oro

sølv

la plata

olie

el petróleo

energi

la energía

pris

el precio

kontrakt

el contrato

skat

el impuesto

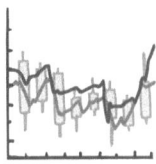

aktie

la acción

arbejde

trabajar

ansat

el empleado

arbejdsgiver

el empleador

fabrik

la fábrica

butik

el negocio

politimand
el policía

brandmand
el bombero

kok
el cocinero

læge
el médico

pilot
el piloto

gartner
el jardinero

tømrer
el carpintero

syerske
la modista

dommer
el juez

kemiker
el farmacéutico

skuespiller
el actor

buschauffør

el colectivero

taxachauffør

el taxista

fisker

el pescador

rengøringskone

la mucama

tagdækker

el techista

tjener

el mozo

jæger

el cazador

maler

el pintor

bager

el panadero

elektriker

el electricista

bygningsarbejder

el albañil

ingeniør

el ingeniero

slagter

el carnicero

vvs-mand

el plomero

postbud

el cartero

soldat
el soldado

arkitekt
el arquitecto

kasserer
el cajero

blomsterhandler
el florista

frisør
el peluquero

togfører
el cobrador

mekaniker
el mecánico

kaptajn
el capitán

tandlæge
el dentista

videnskabsmand
el científico

rabbiner
el rabino

imam
el imán

munk
el monje

præst
el sacerdote

værktøj
las herramientas

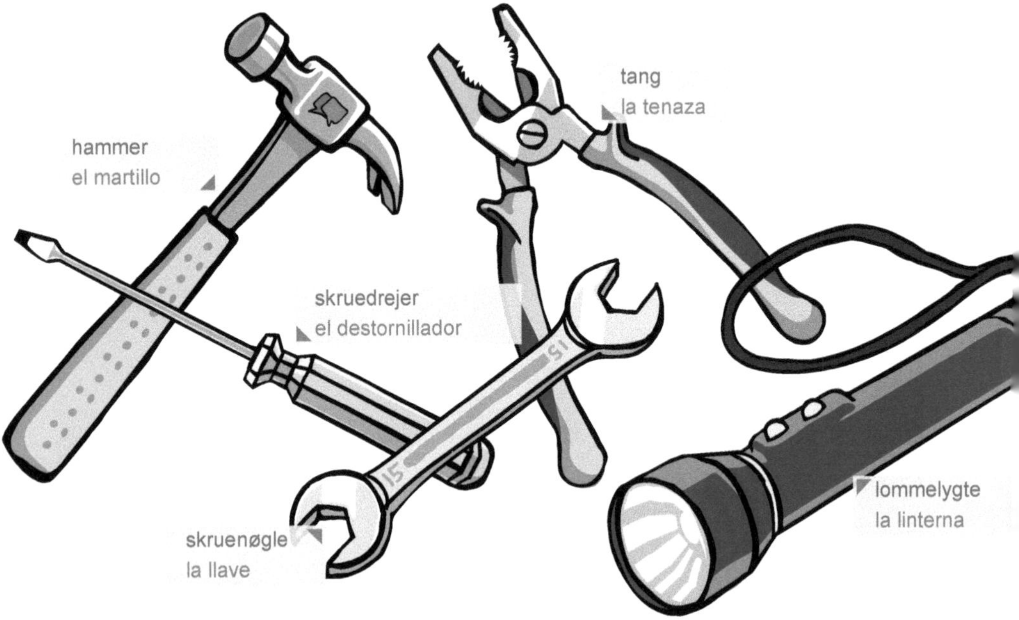
hammer
el martillo
tang
la tenaza
skruedrejer
el destornillador
skruenøgle
la llave
lommelygte
la linterna

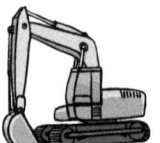

gravemaskine

la excavadora

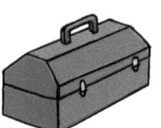

værktøjskasse

la caja de herramientas

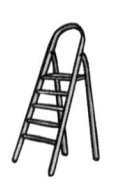

stige

la escalera portátil

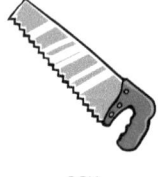

sav

la sierra

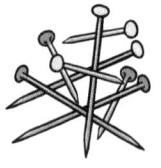

søm

los clavos

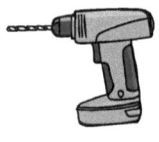

bor

el taladro

reparere
arreglar

skovl
la pala de jardín

Lort!
¡Qué bronca!

fejebakke
la pala de plástico

malerspand
el tacho de pintura

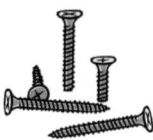

skruer
los tornillos

musikinstrumenter
los instrumentos musicales

trommer
la batería

højttaler
el parlante

guitar
la guitarra

kontrabas
el contrabajo

trompet
la trompeta

klaver

el piano

violin

el violín

bas

el bajo

pauke

los timbales

tromme

el tambor

keyboard

el teclado

saxofon

el saxofón

fløjte

la flauta

mikrofon

el micrófono

ZOO

el zoológico

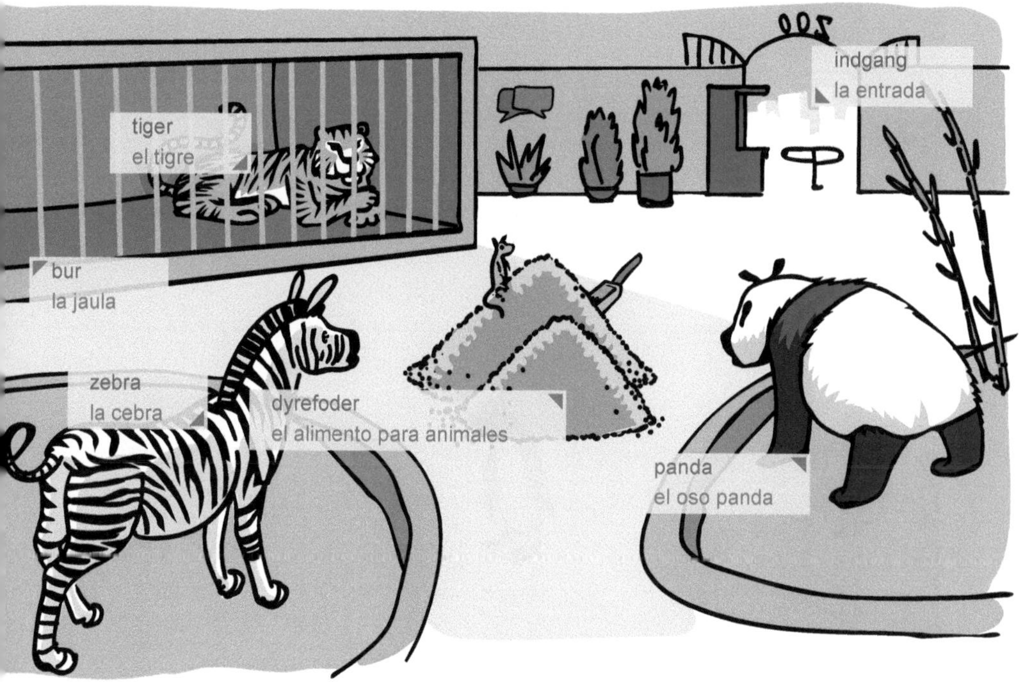
indgang
la entrada
tiger
el tigre
bur
la jaula
zebra
la cebra
dyrefoder
el alimento para animales
panda
el oso panda

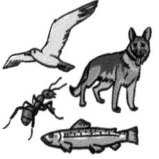

dyr

los animales

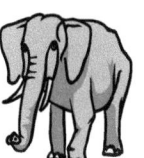

elefant

el elefante

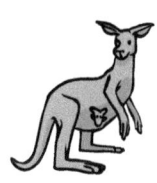

kænguru

el canguro

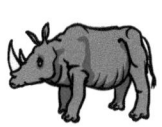

næsehorn

el rinoceronte

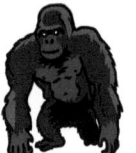

gorilla

el gorila

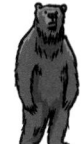

bjørn

el oso

kamel

el camello

struds

el avestruz

løve

el león

abe

el mono

flamingo

el flamenco

papegøje

el loro

isbjørn

el oso polar

pingvin

el pingüino

haj

el tiburón

påfugl

el pavo real

slange

la serpiente

krokodille

el cocodrilo

dyrepasser

el cuidador del zoológico

sæl

la foca

jaguar

el jaguar

pony
el poni

leopard
el leopardo

flodhest
el hipopótamo

giraf
la jirafa

ørn
el águila

vildsvin
el jabalí

fisk
el pescado

skildpadde
la tortuga

hvalros
la morsa

ræv
el zorro

gazelle
la gacela

amerikansk football
el fútbol americano

cykling
el ciclismo

tennis
el tenis

basketball
el básquet

svømning
la natación

boksning
el boxeo

ishockey
el hockey sobre hielo

fodbold
el fútbol

badminton
el bádminton

atletik
el atletismo

hándbold
el handball

skiløb
el esquí

polo
el polo

aktiviteter

las actividades

springe
saltar
give et knus
abrazar
grine
reír
gå
caminar
synge
cantar
drømme
soñar
bede
rezar
kysse
besar

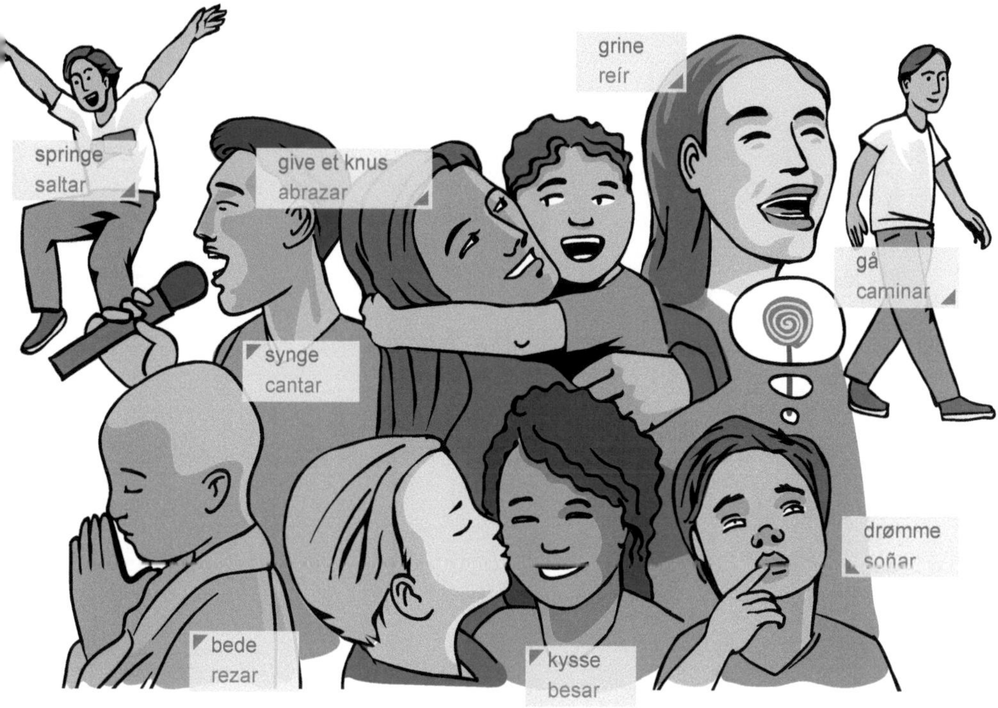

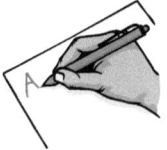

skrive
escribir

tegne
dibujar

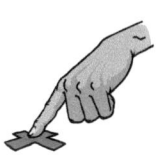

vise
mostrar

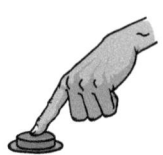

skubbe
presionar

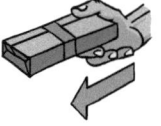

give
dar

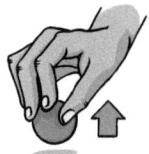

tage
tomar

have
tener

gøre
hacer

være
ser

stå
estar parado

løbe
correr

trække
tirar

kaste
tirar

falde
caer

ligge
estar acostado

vente
esperar

bære
llevar

sidde
estar sentado

tage på
vestirse

sove
dormir

vågne
despertar

se på
mirar

græde
llorar

ae
acariciar

kæmme
peinar

tale
hablar

forstå
entender

spørge
preguntar

høre
escuchar

drikke
beber

spise
comer

rydde op
ordenar

elske
amar

koge
cocinar

køre
manejar

flyve
volar

sejle

navegar

regne

calcular

læse

leer

lære

aprender

arbejde

trabajar

gifte sig med

casarse

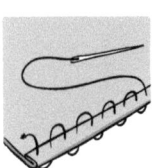

sy

coser

børste tænder

cepillarse los dientes

dræbe

matar

ryge

fumar

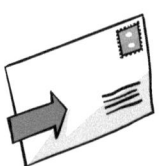

sende

enviar

aktiviteter - las actividades

familie
la familia

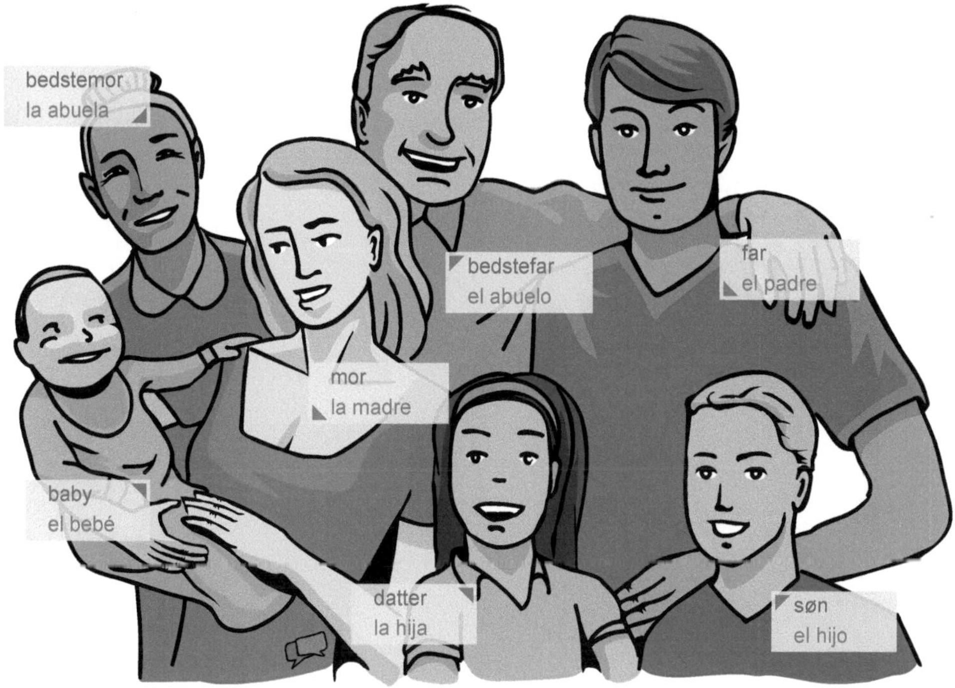
bedstemor
la abuela
bedstefar
el abuelo
far
el padre
mor
la madre
baby
el bebé
datter
la hija
søn
el hijo

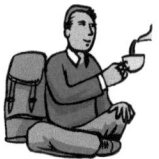

gæst

el invitado

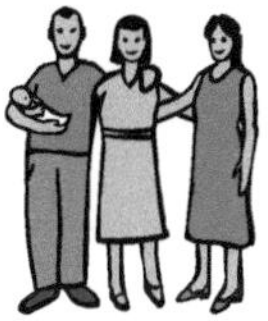

tante

la tía

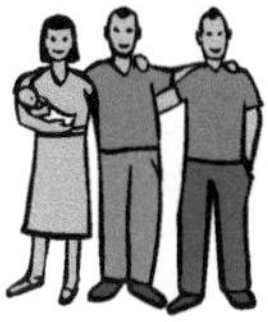

onkel

el tío

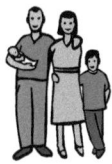

bror

el hermano

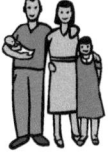

søster

la hermana

el cuerpo

pande
la frente

øje
el ojo

skulder
el hombro

finger
el dedo

ansigt
la cara

hage
la pera

hånd
la mano

bryst
el pecho

ben
la pierna

arm
el brazo

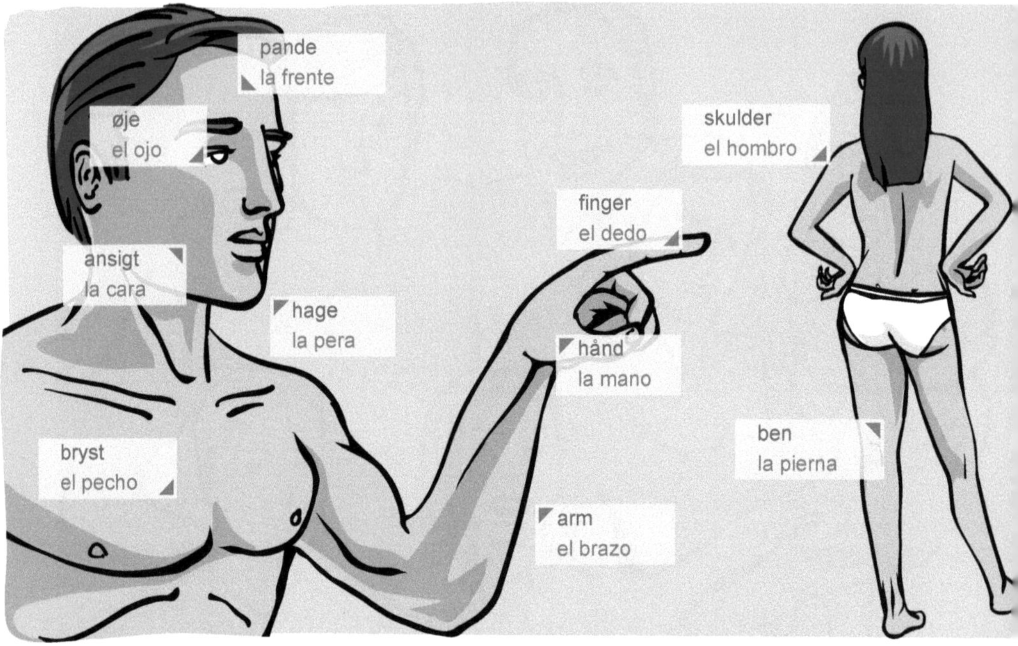

baby

el bebé

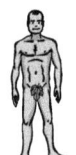

mand

el hombre

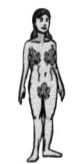

kvinde

la mujer

pige

la nena

dreng

el nene

hoved

la cabeza

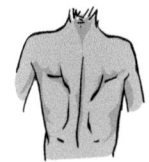

ryg

la espalda

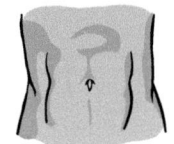

mave

la panza

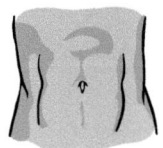

navle

el ombligo

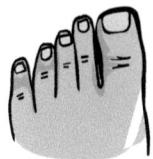

tå

el dedo del pie

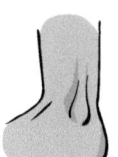

hæl

el talón

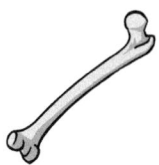

knogle

el hueso

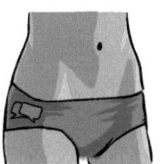

hofte

la cadera

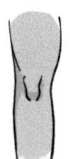

knæ

la rodilla

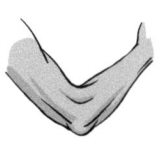

albue

el codo

næse

la nariz

bagdel

la cola

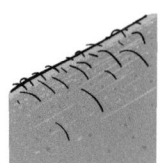

hud

la piel

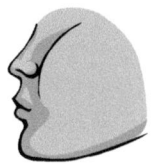

kind

el cachete

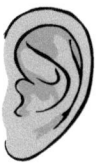

øre

la oreja

læbe

el labio

krop - el cuerpo

mund

la boca

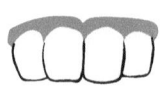

tand

el diente

tunge

la lengua

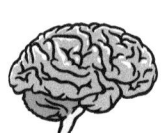

hjerne

el cerebro

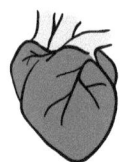

hjerte

el corazón

muskel

el músculo

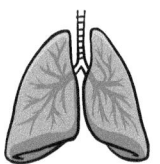

lunge

el pulmón

lever

el hígado

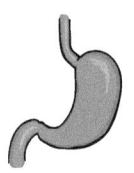

mavesæk

el estómago

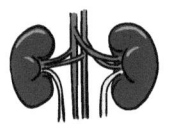

nyrer

los riñones

sex

el sexo

kondom

el preservativo

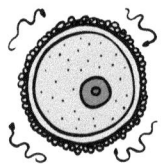

ægcelle

el óvulo

sperm

el semen

svangerskab

el embarazo

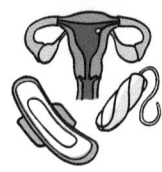

menstruation

la menstruación

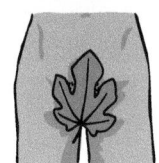

vagina

la vagina

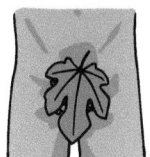

penis

el pene

øjenbryn

la ceja

hår

el pelo

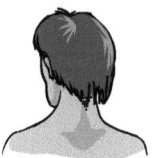

hals

el cuello

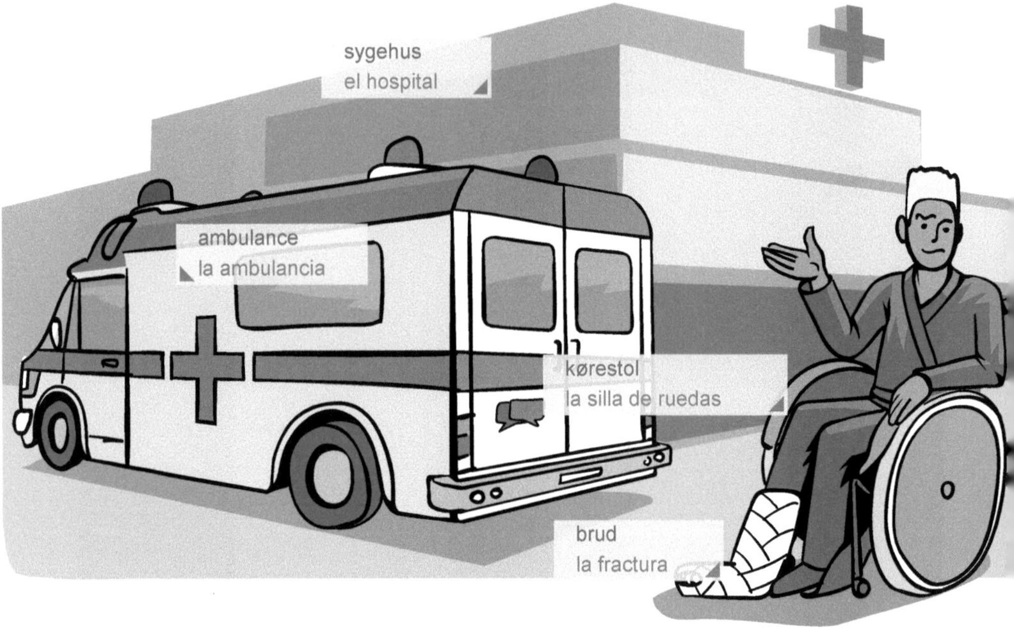

sygehus
el hospital

sygehus
el hospital
ambulance
la ambulancia
kørestol
la silla de ruedas
brud
la fractura

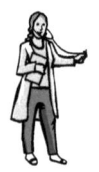

lægge
el médico

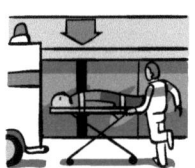

akutmodtagelse
la sala de guardia

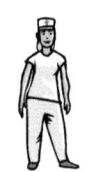

sygeplejerske
la enfermera

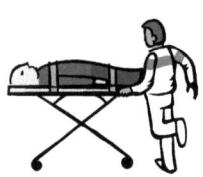

nødstilfælde
la emergencia

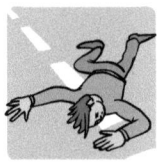

bevidstløs
inconsciente

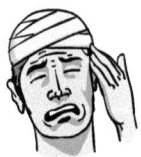

smerte
el dolor

skade
la lesión

blødning
la hemorragia

hjerteinfarkt
el infarto

slagtilfælde
el ACV

allergi
la alergia

hoste
la tos

feber
la fiebre

influenza
la gripe

diarré
la diarrea

hovedpine
el dolor de cabeza

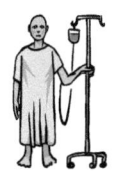

kræft
el cáncer

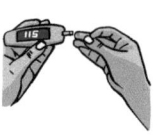

diabetes
la diabetes

kirurg
el cirujano

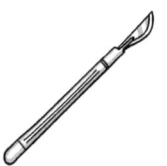

skalpel
el bisturí

operation
la operación

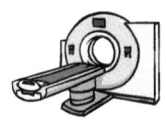

CT

la TC

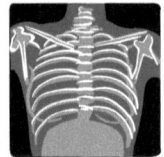

røntgen

los rayos x

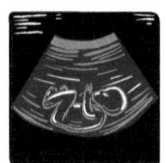

ultralyd

la ecografía

maske

el barbijo

sygdom

la enfermedad

venteværelse

la sala de espera

krykke

la muleta

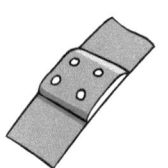

plaster

la curita

forbinding

la venda

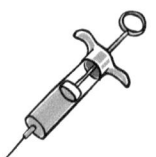

injektion

la inyección

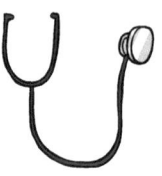

stetoskop

el estetoscopio

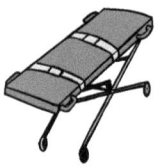

båre

la camilla

termometer

el termómetro

fødsel

el nacimiento

overvægt

el sobrepeso

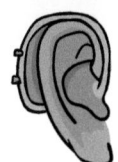

høreapparat

el audífono

desinficerende middel

el desinfectante

infektion

la infección

virus

el virus

HIV / AIDS

el VIH / SIDA

medicin

el remedio

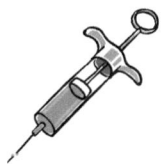

vaccination

la vacunación

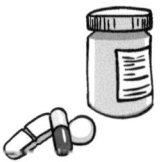

tabletter

los comprimidos

pille

la pastilla anticonceptiva

nødopkald

la llamada de emergencia

blodtryksmåler

el tensiómetro

syg / rask

enfermo / sano

Hjælp!

¡Ayuda!

alarm

la alarma

overfald

la agresión

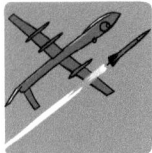

angreb

el ataque

fare

el peligro

nødudgang

la salida de emergencia

Det brænder!

¡Fuego!

ildslukker

el matafuego

uheld

el accidente

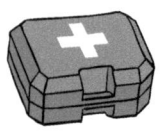

førstehjælps-kuffert

el botiquín de primeros
auxilios

SOS

el SOS

politi

la policía

Europa

Europa

Nordamerika

América del Norte

Sydamerika

América del Sur

Afrika

África

Asien

Asia

Australien

Australia

Atlanterhavet

el Atlántico

Stillehavet

el Pacífico

Indiske Ocean

el Océano Índico

Sydlige Ishav

el Océano Antártico

Ishav

el Océano Ártico

Nordpol

el polo norte

Sydpol

el polo sur

Antarktis

la Antártida

Jorden

la Tierra

land

la tierra

hav

el mar

ø

la isla

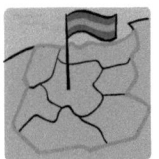

nation

la nación

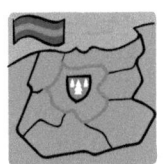

stat

el estado

urskive

la esfera

timeviser

la manecilla de las horas

minutviser

el minutero

sekundviser

el segundero

Hvad er klokken?

¿Qué hora es?

dag

el día

tid

la hora

nu

ahora

digitalur

el reloj digital

minut

el minuto

time

la hora

uge

la semana

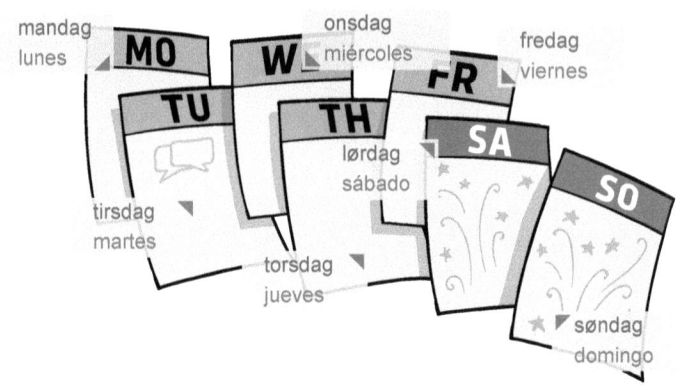

mandag
lunes

onsdag
miércoles

fredag
viernes

tirsdag
martes

torsdag
jueves

lørdag
sábado

søndag
domingo

i går
ayer

i dag
hoy

i morgen
mañana

morgen
la mañana

middag
el mediodía

aften
la tarde

arbejdsdage
los días hábiles

weekend
el fin de semana

år

el año

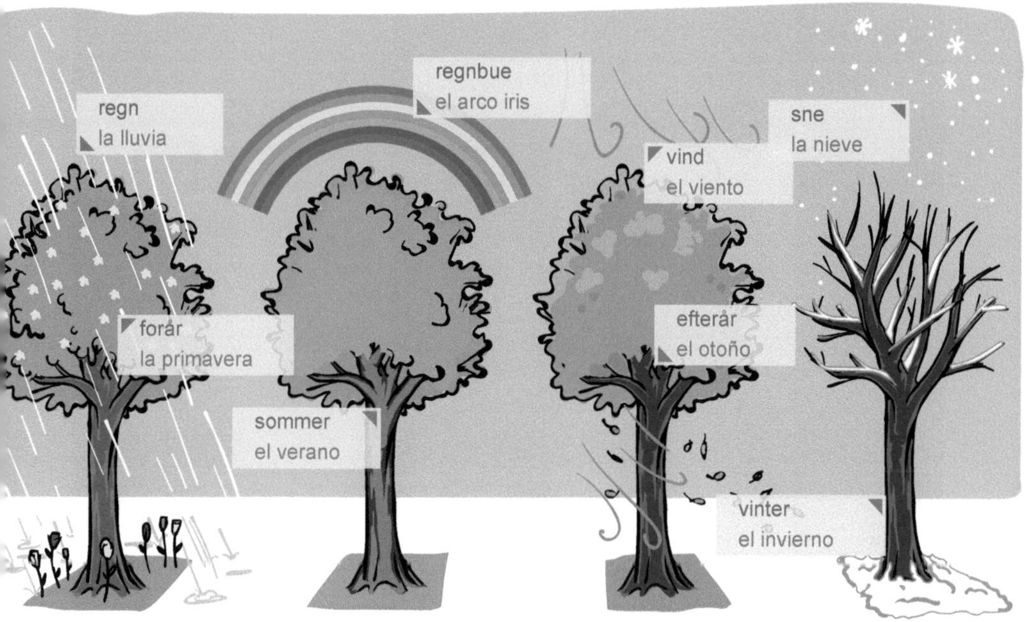
regn
la lluvia
regnbue
el arco iris
sne
la nieve
vind
el viento
forår
la primavera
efterår
el otoño
sommer
el verano
vinter
el invierno

4.APRIL 11°
5.APRIL 4°
6.APRIL 13°
7.APRIL 8°
8.APRIL 10°

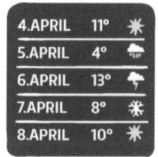

vejrudsigt
....
pronóstico meteorológico

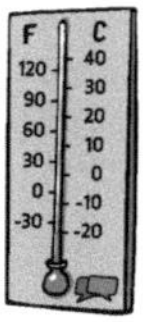
F C
120 40
90 30
60 20
30 10
0 0
-30 -10
-20

termometer
....
el termómetro

solskin
....
la luz del sol

sky
....
la nube

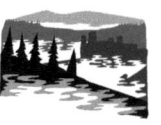

tåge
....
la niebla

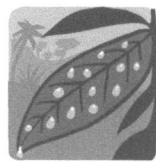

luftfugtighed
....
la humedad

lyn

el rayo

torden

el trueno

storm

la tormenta

hagl

el granizo

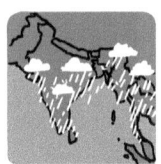

monsun

el monzón

flod

la inundación

is

el hielo

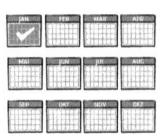

januar

enero

februar

febrero

marts

marzo

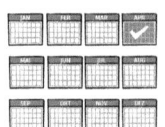

april

abril

maj

mayo

juni

junio

juli

julio

august

agosto

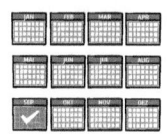

september
....
septiembre

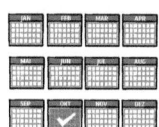

oktober
....
octubre

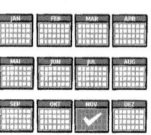

november
....
noviembre

december
....
diciembre

cirkel
....
el círculo

kvadrat
....
el cuadrado

firkant
....
el rectángulo

trekant
....
el triángulo

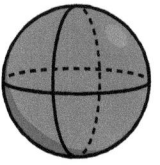

kugle
....
la esfera

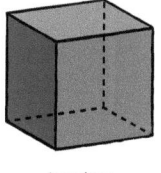

terning
....
el cubo

hvid
blanco

gul
amarillo

orange
naranja

pink
rosa

rød
rojo

lilla
violeta

blå
azul

grøn
verde

brun
marrón

grå
gris

sort
negro

meget / lidt

mucho / poco

rasende / fredelig

enojado / tranquilo

smuk / grim

lindo / feo

begyndelse / slut

el principio / el fin

stor / lille

grande / chico

lys / mørk

claro / oscuro

bror / søster

el hermano / la hermana

ren / snavset

limpio / sucio

fuldkommen / ufuldkommen

completo / incompleto

dag / nat

el día / la noche

død / levende

muerto / vivo

bred / smal

ancho / angosto

spiselig / uspiselig

comestible / no comestible

vred / venlig

malo / amable

ophidset / kedet

entusiasmado / aburrido

tyk / tynd

gordo / flaco

først / sidst

primero / último

ven / fjende

el amigo / el enemigo

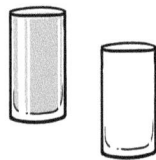

fuld / tom

lleno / vacío

hård / blød

duro / blando

tung / let

pesado / liviano

sult / tørst

el hambre / la sed

syg / rask

enfermo / sano

illegal / legal

ilegal / legal

intelligent / dum

inteligente / estúpido

venstre / højre

izquierda / derecha

nær / fjern

cerca / lejos

ny / brugt

nuevo / usado

intet / noget

nada / algo

gammel / ung

viejo / joven

tændt / slukket

encendido / apagado

åben / lukket

abierto / cerrado

stille / højt

silencioso / ruidoso

rig / fattig

rico / pobre

rigtig / forkert

correcto / incorrecto

ru / glat

áspero / suave

ked af det / lykkelig

triste / contento

kort / lang

corto / largo

langsom / hurtig

lento / rápido

våd / tør

mojado / seco

varm / kold

caliente / frío

krig / fred

guerra / paz

los números

0

nul

cero

1

en

uno

2

to

dos

3

tre

tres

4

fire

cuatro

5

fem

cinco

6

seks

seis

7

syv

siete

8

otte

ocho

9

ni

nueve

10

ti

diez

11

elleve

once

12
tolv

doce

13
tretten

trece

14
fjorten

catorce

15
femten

quince

16
seksten

dieciséis

17
sytten

diecisiete

18
atten

dieciocho

19
nitten

diecinueve

20
tyve

veinte

100
hundrede

cien

1.000
tusinde

mil

1.000.000
million

el millón

engelsk

el inglés

amerikansk engelsk

el inglés americano

kinesisk mandarin

el chino mandarín

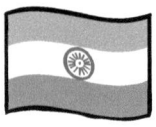

hindi

el hindi

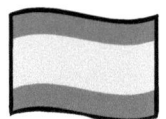

spansk

el español

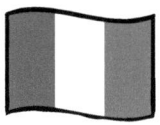

fransk

el francés

arabisk

el árabe

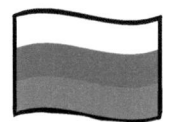

russisk

el ruso

portugisisk

el portugués

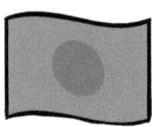

bengalsk

el bengalí

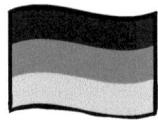

tysk

el alemán

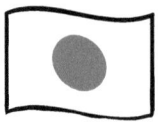

japansk

el japonés

jeg

yo

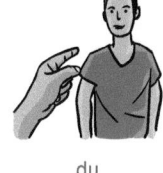

du

vos

han / hun / den / det

él / ella

vi

nosotros

I

ustedes

de

ellos

hvem?

¿quién?

hvad?

¿qué?

hvordan?

¿cómo?

hvor?

¿dónde?

hvornår?

¿cuándo?

navn

el nombre

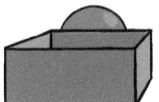

bag

detrás

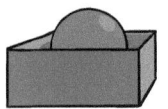

i

en

foran

adelante de

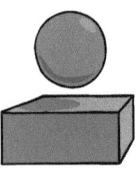

over

por encima de

på

sobre

under

debajo de

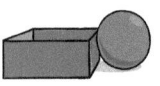

ved siden af

al lado de

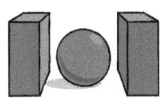

imellem

entre

sted

el lugar